Matemáticas
del zoológico

El zoológico matemático

Patricia Whitehouse

Traducción de Beatriz Puello

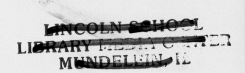
Heinemann Library
Chicago, Illinois

Customer Service 888-454-2279
Visit our website at www.heinemannlibrary.com

Designed by Sue Emerson/Heinemann Library and Ginkgo Creative, Inc.
Printed and bound in the U.S.A. by Lake Book

06 05 04 03 02
10 9 8 7 6 5 4 3 2 1

Library of Congress Cataloging-in-Publication Data
Whitehouse, Patricia, 1958-
  [Math Zoo. Spanish.]
  El zoológico matemático / Patricia Whitehouse.
      p.cm. — (Matemáticas del zoológico)
Includes index.
Summary: Uses zoo animals as examples to introduce basic concepts of mathematics.
  ISBN 1-58810-802-3 (HC), 1-58810-861-9 (Pbk.)
  1. Mathematics—Juvenile literature. 2. Zoo animals—Juvenile literature. [1. Mathematics. 2. Zoo animals.
  3. Spanish language materials.] I. Title.
QA40.5 W4818 2002
510—dc21
                    2001051507

Acknowledgments
The author and publishers are grateful to the following for permission to reproduce copyright material:
pp. 4T.L., 4B.R., 5, 8, 9, 10, 11T, 12T.L., 12R, 13T, 14, 16R Jim Schulz/Chicago Zoological Society/The Brookfield Zoo;
p. 4B.L. Frans Lanting/Minden Pictures; p. 4T.R. Byron Jorjorian; pp. 6, 7 Glenn Oliver/Visuals Unlimited; pp, 11B, 19B,
20, 21 Michael Brosilow/Heinemann Library; pp. 12B.L., 13B H. Greenblatt/Chicago Zoological Society/The Brookfield Zoo;
pp. 15, 17 Mike Greer/Chicago Zoological Society/The Brookfield Zoo; p. 16L Cynthia Fandl/Chicago Zoological Society/
The Brookfield Zoo; pp. 18, 19T C. P. George/Visuals Unlimited.

Cover photograph by (L–R) Jim Schulz/Chicago Zoological Society/The Brookfield Zoo and Mike Greer/Chicago Zoological
Society/The Brookfield Zoo

Every effort has been made to contact copyright holders of any material reproduced in this book. Any omissions will
be rectified in subsequent printings if notice is given to the publisher.

Special thanks to our bilingual advisory panel for their help in the preparation of this book:
Aurora García
Literacy Specialist
Northside Independent School District
San Antonio, TX

Argentina Palacios
Docent
Bronx Zoo
New York, NY

Ursula Sexton
Researcher, WestEd
San Ramon, CA

Laura Tapia
Reading Specialist
Emiliano Zapata Academy
Chicago, IL

We would like to thank the Brookfield Zoo for reviewing this book for accuracy.

Unas palabras están en negrita, **así.**
Las encontrarás en el glosario en fotos de la página 23.

Contenido

¿Qué animal come primero? 4

¿Qué animal sigue? 6

¿Qué grupo tiene más?. 8

¿Qué animal come menos?. 10

¿Qué grupos son iguales? 12

¿Cuántos animales están despiertos? . . 14

¿Cuántos animales hay aquí ahora? . . 16

¿Cómo pueden compartir los gorilas?. . 18

¿Cuánto dinero necesitas? 20

¿Cómo sabes la hora?. 22

Glosario en fotos 23

Nota a padres y maestros 24

Respuesta de la prueba. 24

Índice. 24

¿Qué animal come primero?

oso polar

1

camello

2

3

pingüino

4

tigre

El **cuidador** tiene que darle de comer a estos animales en orden.

¿Quién comerá primero?

¿Quién comerá de último?

El **oso polar** come primero.

El tigre come de último.

¿Qué animal sigue?

Elefante grande, elefante pequeño.

Elefante grande, elefante pequeño.

¿Quién va después?

Después va un elefante grande.

Así se forma un patrón.

¿Qué grupo tiene más?

pingüinos

flamencos

Mira los pingüinos.

Mira los **flamencos.**

¿Qué grupo tiene más?

8

4 > 2

Hay cuatro pingüinos.

Hay dos flamencos.

Cuatro pingüinos son
más que dos flamencos.

¿Qué animal come menos?

mono

orangután

El mono come tres plátanos.

El **orangután** come cinco plátanos.

¿Quién come menos?

3 < 5

Tres es **menos que** cinco.

El mono come menos.

¿Qué grupos son iguales?

cebras

adaxes

camellos

Aquí hay tres **cebras**.

Aquí hay cinco **adaxes**
y tres **camellos**.

¿Cuáles son los dos grupos **iguales?**

3 = 3

El grupo de las cebras y el grupo de los camellos son iguales.

Cada grupo tiene tres animales.

¿Cuántos animales están despiertos?

Aquí hay dos leones.

Un león se duerme.

2 - 1 = 1

¿Cuántos leones están despiertos ahora?

Un león está despierto.

Dos leones **menos** un león es un león.

¿Cuántos animales hay aquí ahora?

Dos **suricates** están parados en las rocas.

Llegan otros dos suricates.

¿Cuántos suricates hay aquí ahora?

2 + 2 = 4

Hay cuatro suricates en las rocas.

Dos **más** dos es **igual** a cuatro.

¿Cómo pueden compartir los gorilas?

Hay dos gorilas.

Hay una lechuga.

¿Cómo pueden compartir la lechuga?

 $\dfrac{1}{2}$  $\dfrac{1}{2}$

Se parte la lechuga en dos **mitades.**

Cada gorila recibe una mitad de la lechuga.

¿Cuánto dinero necesitas?

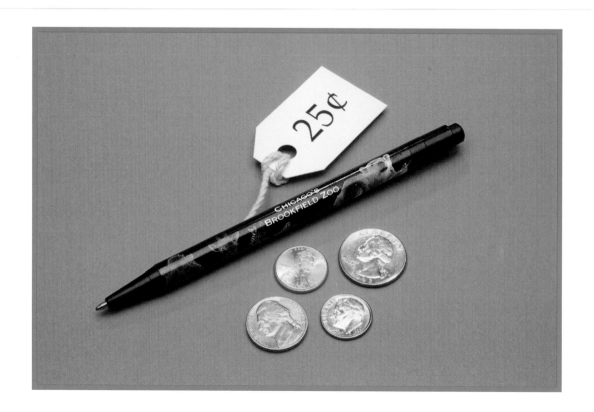

Esta pluma cuesta 25 centavos en la tienda del zoológico.

¿Con qué moneda la puedes comprar?

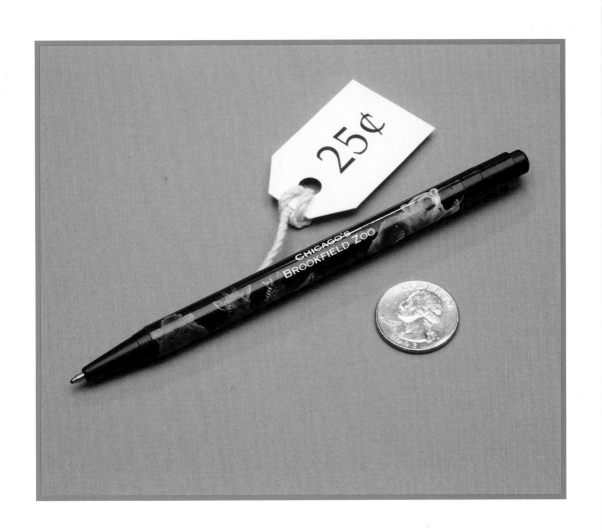

La puedes comprar con la **moneda de 25 centavos.**

¿Cómo sabes la hora?

¿Cuál te dice que es hora de almorzar?

Busca la respuesta en la página 24.

| reloj | sol | calendario |

Glosario en fotos

adax
página 12

mitad
página 19

más que
página 9

moneda de 25 centavos
página 21

camello
páginas 4, 12, 13

menos que
página 11

orangután
página 10

cebra
páginas 12, 13

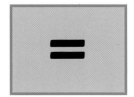

igual
páginas 12–13, 15, 17

suricate
páginas 16, 17

más
página 17

cuidador
página 4

flamenco
páginas 8, 9

menos
página 15

oso polar
página 5

23

Nota a padres y maestros

Este libro ofrece oportunidades para que los niños exploren muchos conceptos matemáticos básicos. Un ejemplo, en las páginas 8 y 9, es el concepto de "más que". Las fotos y las palabras de esas páginas permiten a los niños pensar qué grupo de animales contiene más animales que otro. Las páginas sirven de punto de partida para actividades relacionadas, como llevar a los niños a reconocer el mismo principio matemático en otros grupos de objetos que usted organice, por ejemplo animales de juguete. Después los niños pueden demostrar que entienden el concepto creando sus propios grupos de animales de juguete. El objetivo es que empiecen a entender que las acciones físicas de repartir objetos en grupos, identificar tamaños, reconocer grupos similares o desiguales y demás son ideas matemáticas que se pueden expresar con palabras y números.

Índice

adaxes 12
camellos . .4, 12, 13
cebras 12, 13

compartir . .18–19
cuidador 4
después 6–7
elefantes 6, 7
flamencos 8, 9
gorilas 18, 19
hora 22
igual . . .12–13, 17
leones 14, 15
más 17
más que 8–9
menos 15
menos que . .10–11

mitad 19
moneda de 25
  centavos 21
mono 10, 11
orangután 10
oso polar 5
patrón 7
pingüinos . .4, 8, 9
primero 4–5
suricates . . .16, 17
tigre 4, 5
último 4–5

Respuesta de la página 22
El reloj muestra el mediodía. ¡Hora de almorzar!